Récits de la Bible
avant de s'endormir

Pour

Axel

De la part de

Michelle et Armelle

Récits de la Bible
avant de s'endormir

Par
Tim Dowley

Illustrés par
Stephanie McFetridge Britt

Éditions de l'Emmanuel

Sommaire

Noé

et son arche pleine d'animaux

Comme chacun sait, le tout premier homme et la toute première femme s'appelaient Adam et Ève.
Ils habitaient un beau jardin, mais ils avaient dû le quitter parce qu'ils avaient désobéi à Dieu.

Adam et Ève avaient des enfants.
Ces enfants faisaient parfois de vilaines choses. Ils avaient eux aussi des enfants.
Et leurs enfants faisaient aussi, parfois, de vilaines choses.

« Tant d'hommes se conduisent mal
et si peu font le bien, constata tristement
Dieu. Peut-être devrais-je anéantir
le monde et tout le mal qui s'y trouve. »

Mais il y avait sur terre un homme juste qui s'appelait Noé.
Dieu dit : « Écoute, Noé ! Je vais déclencher un déluge qui va s'abattre sur la terre. Il détruira tout, mais je t'épargnerai, ainsi que ta famille. Construis une grande nef que nous appellerons arche. Ainsi toi et les tiens serez sauvés. »

Noé fit ce que Dieu lui avait demandé.
Il abattit des arbres.
Il scia des planches.
Il commença de construire une grande arche.
Les fils de Noé se nommaient Cham, Sem et Japhet.
Tous les trois aidaient leur père.
L'un tenait la cognée, le deuxième la scie, le troisième le marteau.

Les amis de Noé se moquaient de lui.
« Pourquoi construis-tu un bateau au milieu des montagnes ? lui disaient-ils en riant. Tu es fou ! »
Mais Noé poursuivit son ouvrage jusqu'à ce que l'arche fût achevée.
C'était la plus grande et la plus robuste nef jamais construite.

Pourquoi Noé a-t-il construit une aussi grande arche ?

Parce que Dieu lui a dit :
« Noé, tu feras entrer
dans l'arche un couple
de chaque espèce d'animaux
vivant sur la terre. »

De gros nuages de pluie s'amoncelaient.
Aussi les animaux et les oiseaux commençaient-ils d'arriver deux par deux.
Noé s'assura qu'ils montaient bien tous dans l'arche.
Et Dieu ferma la porte.

Bientôt la pluie commença de tomber.
Il pleuvait comme il n'avait jamais plu.
Les éclairs brillaient.
Le tonnerre grondait.

Il n'arrêtait pas de pleuvoir.
Les eaux montaient.
Bientôt l'arche se mit à flotter
à la surface de l'eau.

Et il continua de pleuvoir jusqu'à
ce que l'eau eût recouvert toute la surface
de la terre.

Mais l'arche flottait paisiblement sur l'eau. Noé, sa famille et tous les animaux étaient en sécurité et au sec à l'intérieur.

La pluie ne cessa pas de tomber
pendant quarante jours et quarante nuits.
Puis, enfin, elle s'arrêta.
Tout le monde était heureux à l'intérieur
de l'arche.
Même les oiseaux chantaient d'allégresse.
Mais l'eau recouvrait toujours la terre.

Noé ouvrit une fenêtre dans l'arche.
Il lâcha une colombe pour voir
si elle trouverait un perchoir.
Mais la colombe revint.
Il n'y avait que de l'eau et nulle part
où se poser.

Quelques jours plus tard,
Noé lâcha de nouveau la colombe.
« Peut-être trouvera-t-elle
un endroit sec », dit-il.
Cette fois, la colombe revint avec
un rameau d'olivier dans le bec.
Elle avait trouvé un arbre
qui dépassait de l'eau.
Tous furent remplis de joie.

Enfin, l'eau commença de se retirer.
L'arche ne flottait plus ; elle reposait
sur une haute montagne.
Noé, sa famille et toutes les créatures
sortirent de l'immense nef.
Et Dieu dit : « Il n'y aura plus jamais
de déluge pour ravager la terre. »

Et Dieu traça un bel arc dans le ciel pour que nous nous souvenions de sa promesse.

Question

Comment s'appelait l'homme juste qui construisit l'arche ?

Prière

Merci, Seigneur, pour tous les arcs-en-ciel et ta promesse de ne plus jamais faire tomber un nouveau déluge sur la terre.

Joseph et le Pharaon d'Égypte

Joseph habitait le désert avec son père
et ses frères.
Mais à mesure que le temps passait,
ses frères devenaient de plus en plus
jaloux de lui.
Un jour, ils vendirent Joseph
à des marchands, montés sur leurs
chameaux, qui passaient par là.

Ces hommes impitoyables emmenèrent Joseph avec eux dans un long, long voyage à travers le désert.
Lorsqu'ils eurent atteint l'Égypte, ils le conduisirent au marché.

Les marchands voulaient vendre Joseph
comme esclave.
Un homme, qui s'appelait Putiphar,
se rendit au marché.
Dès qu'il vit Joseph, il décida de l'acheter.
Il voulait en faire son esclave.

Joseph travaillait très dur comme esclave chez Putiphar. Il faisait tout ce qu'on lui demandait et Putiphar avait une entière confiance en lui.

La femme de Putiphar, cependant, se mit à rapporter des mensonges au sujet de Joseph. Elle disait qu'il avait commis de mauvaises actions.

Pauvre Joseph, il fut jeté en prison alors qu'il n'avait rien fait de mal !

Même en prison Joseph avait
un comportement exemplaire.
Bientôt, le geôlier demanda à Joseph
de devenir son assistant.
À cette époque, le Pharaon était le roi
d'Égypte.
Un jour, deux de ses serviteurs furent
conduits en prison.

Une nuit, les deux serviteurs firent,
l'un et l'autre, d'étranges rêves.
Joseph avait le don de comprendre
les rêves.
Il expliqua à l'un des serviteurs
que son rêve signifiait que Pharaon était
sur le point de le libérer.
Mais il dit à l'autre serviteur
que son rêve signifiait que Pharaon allait
le faire mourir.

Et c'est justement ce qui arriva.
Le premier serviteur fut libéré tandis que le second fut mis à mort.
Le premier serviteur avait promis à Joseph de demander à Pharaon de le faire libérer.
Mais dès qu'il fut libre, il oublia complètement Joseph !

Une nuit, Pharaon fit lui-même
un étrange rêve.
Dans son rêve, il voyait sept vaches
bien grasses. Puis, soudain,
sept vaches maigres et faméliques
sortaient du Nil, et dévoraient
les belles vaches grasses.

La nuit suivante, Pharaon eut un autre rêve étrange :
Il voyait sept magnifique épis de maïs.
Puis, soudain, sept épis maigres et brûlés se mettaient à pousser sur la même tige, et prenaient la place des beaux épis.

Pharaon fut effrayé par ces rêves, car il n'en comprenait pas le sens. Mais aucun de ses proches ne savait interpréter les rêves. C'est alors qu'enfin le serviteur de Pharaon se souvint de Joseph.

Le serviteur de Pharaon courut à la prison.
Il ordonna à Joseph de se laver
et d'enfiler des vêtements propres.
Il allait rencontrer Pharaon,
le roi d'Égypte, en personne !

Pharaon raconta ses rêves à Joseph.
« Ces deux rêves ont la même signification, dit Joseph. Il va y avoir sept années de bonnes récoltes et d'abondance.
Puis il y aura sept années de mauvaises récoltes et de famine. »
Pharaon parut très préoccupé.

« Écoutez ! lui dit Joseph. Vous devez vous assurer que vos paysans fassent des réserves les années de bonnes récoltes. Ainsi, quand arriveront les mauvaises récoltes, il y aura de quoi se nourrir. »

« C'est une excellente idée », dit Pharaon, qui semblait complètement rassuré.

« À vous de trouver l'homme
de confiance qui veillera
à ce que ce soit fait ! » dit Joseph.

« J'ai justement mon homme ! dit Pharaon. Joseph, tu es cet homme intelligent et rempli de sagesse. Le travail est pour toi. »

Question

Pourquoi le Pharaon dit-il à Joseph qu'il est un homme intelligent et rempli de sagesse ?

Prière

Merci, Seigneur, d'être auprès de moi quand je suis en difficulté.

Le bébé
dans la corbeille

La famille de Joseph vécut en Égypte
pendant de nombreuses années.
Ses enfants eurent des enfants qui,
eux-mêmes, eurent aussi des enfants,
et ainsi de suite...

On les appelait les Israélites.
Et Pharaon ne les aimait pas...

« Ces fils d'Israël sont une terrible menace pour notre peuple », dit un jour Pharaon.
« Que dois-je faire d'eux ? » demanda le plus haut dignitaire du royaume.
« Fais-en des esclaves ! Ils bâtiront des cités pour nous. »

C'est ainsi que les Israélites durent
travailler comme esclaves
pour Pharaon. Pharaon dit alors :
« Ils sont vraiment trop nombreux ! »
« Que devons-nous faire ? »
demandèrent ses soldats.
« Jetez dans le fleuve tout fils
qui naîtra aux Israélites ! »
Et ils le firent.

Une mère, cependant, sauva son bébé.
Quand les soldats vinrent chez elle,
elle le cacha.

Son fils Aaron et sa fille Myriam l'aidèrent à cacher l'enfant. Mais il devint bientôt trop grand pour échapper aux regards de ceux qui le cherchaient.

« J'ai une bonne idée ! » dit cette mère à son fils Aaron et à sa fille Myriam.

« Nous allons fabriquer une corbeille avec des roseaux ! Nous la ferons de telle façon qu'elle puisse flotter.
Elle sera comme un petit bateau. »
Et ils firent comme la mère avait dit.

Un matin, Myriam et sa mère portèrent le bébé jusqu'au fleuve.
Elles le couchèrent doucement dans la corbeille, qu'elles cachèrent parmi les joncs.

Puis Myriam se cacha elle aussi.
Elle voulait voir ce qui arriverait
à son petit frère.

Myriam attendit longtemps.
Soudain, elle entendit des voix
qui s'approchaient, et alors elle s'esquiva.

Elle n'en croyait pas ses yeux !
C'était la princesse d'Égypte, en personne,
qui venait se baigner dans le fleuve.

La princesse remarqua la corbeille
au milieu des joncs.
« Qu'est-ce que c'est ? » demanda-t-elle
à sa servante.
« Apporte-moi ça. »
La servante apporta la corbeille.
La princesse regarda à l'intérieur
et découvrit le bébé.

« C'est sans doute l'un des bébés
qui devaient être jetés dans le fleuve,
dit-elle. Ne le trouves-tu pas superbe ? »
Myriam bondit, à cet instant,
de sa cachette. « Majesté ! commença-t-elle
timidement. Souhaiteriez-vous
une nourrice pour le bébé ? »
« Tiens ? Oui... Pourquoi pas ?
Quelle bonne idée ! »

Sans ajouter un mot, Myriam courut
chez elle.
« Maman, la princesse veut que tu sois
la nourrice du bébé ! »
Sur le moment, sa mère ne comprit rien.
Alors, Myriam lui raconta tout
ce qui s'était passé.
Quand elle eut fini son récit, sa mère
se hâta d'aller rencontrer la princesse.

« J'ai trouvé une nourrice pour le bébé », dit Myriam.
« Voulez-vous bien prendre soin de ce magnifique bébé pour moi ? » demanda la princesse à la maman.

« Je l'adopterai, dit la princesse.
J'en ferai mon fils.
Lorsqu'il sera sevré, conduisez-le au palais
pour qu'il y vive comme un prince. »

Ainsi, Myriam et sa maman purent, en toute sécurité, ramener le bébé chez elles.
Et elles prirent soin de lui pour le compte de la princesse.

Un jour, alors qu'il n'était plus du tout un bébé, Myriam et sa mère accompagnèrent le petit garçon au palais. La princesse, en le voyant, fut au comble du bonheur.
« Je vais t'appeler Moïse », lui dit-elle en le serrant dans ses bras.

C'est ainsi que Moïse fut élevé
comme un prince dans le palais de Pharaon.
Mais il n'oublia jamais son propre peuple,
les Israélites.

Question

Où la princesse trouva-t-elle le bébé ?

Prière

Merci, Seigneur, d'avoir veillé sur Moïse.
S'il te plaît, veille sur moi aussi.

Le petit garçon qui écoutait Dieu

Quand il fut un homme, Moïse conduisit son peuple, les Israélites, sur leur terre. La tente de Dieu s'y dressait dans un endroit appelé Silo. Tous les ans, le peuple s'y rendait en pèlerinage.

Un homme s'y présenta avec sa femme, Anne. Elle était très malheureuse, car elle n'avait pas d'enfant. Elle désirait un petit garçon plus que tout !

Un jour, Anne entra sous la tente de Dieu
et fit cette prière :
« Mon Dieu, si tu me donnes un fils,
je te promets de te le rendre
pour ton service. »
Le prêtre Éli l'observait.
« Puisse Dieu exaucer ta prière », dit-il.

Dieu exauça la prière d'Anne.
Elle mit au monde un enfant mâle appelé Samuel. Quand il fut assez grand, elle le conduisit auprès d'Éli.
« Voici le fils dont j'ai souhaité la naissance de tout mon cœur, dit-elle. Je te l'amène pour qu'il serve Dieu comme je l'ai promis. »

Ainsi, Samuel se mit à servir le Seigneur
sous le regard d'Éli.
Il aidait les prêtres, remplissait
les lampes à huile et apprenait à lire.

Chaque année, à l'occasion de la grande
fête en l'honneur du Seigneur,
Anne rendait visite à Samuel.
Elle lui apportait une nouvelle tunique.
Samuel grandissait en taille et en sagesse.

Une nuit, Samuel entendit
une voix dans son sommeil.
Pensant que c'était Éli,
il courut à lui :
« Me voici, dit-il,
car tu m'as appelé. »

« Je ne t’ai pas appelé, dit Éli.
Retourne te coucher. »
Trois fois, Samuel entendit
la voix et alla trouver Éli.

Éli comprit alors que c'était Dieu
qui l'appelait.
« Va te recoucher, dit-il, et si tu entends la voix de nouveau, réponds :
Parle, Seigneur ! Je t'écoute. »
Samuel obéit à Éli, et quand il entendit la voix de Dieu prononcer : « Samuel ! Samuel ! » il répondit : « Parle, Seigneur, car ton serviteur écoute. »
Dieu lui dit alors que les fils d'Éli faisaient le mal et qu'il allait les punir.
Samuel et Éli en furent très peinés mais ils s'inclinèrent devant la volonté du Seigneur.

Il advint ce que Dieu avait prédit.
Des ennemis combattirent les Israélites.
Ils volèrent leurs trésors et tuèrent
les deux fils d'Éli.

Lorsqu'il fut adulte, Samuel gouverna
son peuple.
Il réglait les querelles entre les Israélites.
Il leur expliquait les chemins de Dieu.
Un jour, le peuple lui dit :
« Nous voulons être gouvernés par un roi ! »
Samuel se mit alors en quête d'un roi
pour son peuple.

Il y avait un jeune homme qui était
plus grand que tous les autres.
Il se nommait Saül.
Un jour, son père lui dit :
« J'ai perdu mes ânes.
Iras-tu me les chercher ? »
Saül partit à la recherche des ânes
de son père.

Saül chercha partout, mais les ânes
de son père restaient introuvables.
« Le prophète Samuel vit près d'ici, lui dit
son serviteur. Il est rempli de sagesse.
Allons lui demander son aide. »
Dès qu'il vit Saül, Samuel pensa
que c'était à lui d'être roi.
Aussi l'invita-t-il à un banquet.

Au repas, Saül s'aperçut avec étonnement qu'il occupait la place d'honneur.
« Tu seras le roi du peuple d'Israël, lui dit Samuel. Et ne t'inquiète plus des ânes de ton père.
Ils ont tous été retrouvés ! »

Alors Saül retourna chez son père
où il reprit son travail.
Il attendait le jour où Samuel l'appellerait
pour monter sur le trône.

Ce jour arriva enfin.

« Voici votre roi ! » déclara Samuel.

Et tout le peuple l'acclama.

Question

Qu'est-ce que Saül attendait lorsque Samuel vint le trouver ?

Prière

Seigneur, apprends-moi à écouter ta parole comme Samuel.

Le jeune berger et sa fronde

Lorsque Saül devint roi d'Israël, dans les premiers temps, il fut un bon roi. Mais, plus tard, il commit de mauvaises actions, et Samuel fut de plus en plus désolé de l'avoir fait roi.

Dieu chargea Samuel de trouver
un nouveau roi.
« Va à Bethléem, lui dit-il.
Tu y trouveras un homme appelé Jessé.
L'un de ses fils sera roi. »

Quand Samuel arriva à Bethléem,
il dit à Jessé :
« Je vais donner un grand festin.
Invite tous tes fils. »

Lorsque les fils de Jessé arrivèrent
à la maison de leur père,
Samuel les examina attentivement un à un.

Mais aucun ne lui parut convenir.
« Est-ce que tous tes fils sont là ? » demanda-t-il à Jessé, le laissant quelque peu perplexe.

« Ils sont tous là à l'exception de David, répondit Jessé. Mais il est beaucoup trop jeune pour venir à ton festin. »
« Où est-il ? » demanda Samuel.

« Au pré avec le troupeau de moutons. »
« Eh bien, fais-le venir lui aussi »,
répondit Samuel.

Dès qu'il vit David, Samuel sut que c'était lui que Dieu voulait pour roi d'Israël. Aussi lui donna-t-il une bénédiction particulière.
Mais l'heure n'était pas encore venue pour David d'être roi.

Aussi s'en retourna-t-il au pré pour veiller sur son troupeau.
Lorsque tout était tranquille, il jouait de la harpe.
Et lorsque le danger menaçait ses brebis, il prenait sa fronde et les défendait.
Il tua ainsi un lion et un ours.

Saül était toujours roi d'Israël.
Certains jours, il se sentait très malheureux.
« Aimeriez-vous, ô mon roi, que le jeune berger David joue pour vous de la harpe ? demanda un serviteur à Saül.
Il en joue très bien. »
Ainsi David joua de la harpe pour Saül, qui fut beaucoup plus heureux.

Les ennemis d'Israël vinrent lui faire la guerre.
L'un de leurs soldats était le plus grand géant qu'on eût jamais vu.
Il se nommait Goliath.
Chaque jour, il défiait les soldats d'Israël :
« En est-il un parmi vous qui soit assez courageux pour combattre avec moi ? »

Les Israélites étaient terrifiés.
Personne n'osait affronter Goliath.
Lorsque David entendit la voix de Goliath,
il demanda : « Qui va défier ce géant ? »
Mais personne ne répondit.

Alors David dit au roi Saül :
« Je vais me battre contre Goliath ! »
Le roi lui donna un casque et une épée,
mais elle était beaucoup trop lourde
pour lui.
Il ramassa donc cinq pierres bien lisses
dans le lit d'un torrent et alla se mesurer
au géant.

Le géant éclata de rire.
« Tu crois me chasser comme si je n'étais qu'un chien ? » cria-t-il.

David ne prit pas la peine de répondre.
Il plaça une pierre dans sa fronde,
la fit tournoyer et la pierre partit
en direction de Goliath.
Atteint au front, le géant s'effondra
au milieu des hourras des Israélites.

Le roi Saül fut très satisfait de David.
« Tu seras l'un de mes capitaines »,
lui dit-il.
Et David devint un grand ami de Jonathan,
le fils de Saül.

Un jour, cependant, Saül entendit
le peuple dire :
« David a tué un bien plus grand nombre
d'ennemis que Saül ! »
Saül fut furieux !
Il jeta sa lance sur David qui faillit être
transpercé.
David dut s'enfuir.

Peu après, Saül fut tué dans une terrible bataille et le peuple désigna David pour être son roi.
Le jeune berger devint roi d'Israël !

Question
Comment s'appelle l'ami de David ?

Prière
Seigneur, aide-moi à être aussi courageux que David.

Perdu et retrouvé

Tu te souviens du récit de Noël :
l'enfant Jésus né dans une étable
à Bethléem.
Et tu n'as pas oublié non plus
qu'en apprenant sa naissance,
le cruel roi Hérode a donné l'ordre
à ses soldats de tuer
tous les petits garçons.

Marie et Joseph en furent avertis
par un ange, et ils s'enfuirent de Bethléem.

Marie et Joseph emmenèrent l'enfant Jésus très loin, en Égypte. Ils y restèrent jusqu'au jour où l'ange leur apprit qu'ils pouvaient retourner sans danger chez eux.
Ils entreprirent alors le long voyage vers Nazareth où était leur maison.

Après bien des jours et des nuits
de marche, ils aperçurent quelques toits
au loin.
C'était Nazareth nichée au milieu
des collines !

Jésus grandit entre Joseph et Marie
dans leur petite maison de Nazareth.
Joseph était charpentier.
Jésus l'aidait dans son atelier à scier
et marteler.

Certains jours, Jésus jouait avec d'autres enfants.
Souvent il suivait des yeux le berger qui s'éloignait avec son troupeau.

Il lui arrivait aussi d'observer les femmes
qui tiraient de l'eau du puits.

Lorsqu'il fut à l'âge d'aller à l'école,
Jésus y alla comme tous les autres enfants.
Ses professeurs lui enseignèrent
les commandements de Dieu.
Il écoutait attentivement et se souvenait
de tout ce qu'il apprenait.
Sa maman était très fière de lui !

Un jour, alors que Jésus aidait Marie, elle lui dit :
« Demain, nous monterons à Jérusalem pour la fête de la Pâque.
Tu as douze ans ; tu es assez grand pour nous accompagner. »

Ils partirent donc pour Jérusalem
avec beaucoup de parents et d'amis,
qui formaient une longue caravane.
Ils étaient tous impatients de voir
ou de revoir la grande ville.

Enfin ils parvinrent à Jérusalem !
Joseph et Marie conduisirent Jésus
au Temple, où il rencontra les docteurs
de la Loi.

La fête se termina trop vite.
Marie et Joseph durent reprendre le chemin de la maison comme tous les autres Nazaréens.
De toute la journée, Marie ne vit pas une seule fois Jésus, mais elle pensa qu'il marchait en compagnie d'autres enfants.
À la nuit tombée, cependant, il restait toujours introuvable !

Marie et Joseph retournèrent à Jérusalem dans l'espoir d'y trouver Jésus. Ils cherchèrent dans toute la ville, interrogeant tous ceux qu'ils croisaient, mais personne n'avait vu l'enfant.

« Peut-être devrions-nous regarder dans le Temple ? » suggéra Marie.
Aussi se rendirent-ils au Temple.
Et là, enfin, ils virent Jésus assis au milieu des docteurs de la Loi. Il leur posait des questions et répondait aux leurs.
Et tous s'étonnaient de son intelligence.

« Pourquoi n'es-tu pas reparti avec nous ? demanda Marie. Nous étions terriblement inquiets ! »
« Ne saviez-vous pas que j'étais resté dans la maison de mon père ? demanda Jésus. J'apprends ici à faire sa volonté. »

Jésus s'en retourna alors avec ses parents dans la petite ville de Nazareth.
Et Marie gardait fidèlement dans son cœur tout ce qu'elle avait vu.

Question
Où Marie et Joseph ont-ils trouvé Jésus ?

Prière
Seigneur Jésus, aide-moi à comprendre ton enseignement.

Jésus vient au secours d'un père malheureux

Cette petite fille vivait dans un village de pêcheurs sur le bord du lac de Galilée. Elle attendait le retour de son père, Jaïre.

Elle le vit enfin gravir la colline.
Elle courut vers lui et ils rentrèrent
à la maison pour dîner.

Lorsqu'elle s'éveilla, le lendemain matin, la petite fille ne se sentait pas bien. Elle avait mal à la tête et beaucoup trop chaud.

Sa mère la remit aussitôt au lit.

Appelé par les parents, le médecin
vint la voir et lui donna des remèdes,
mais ils n'eurent aucun effet.
Deux ou trois jours plus tard, son état
était bien pire.
Jaïre était très inquiet.
« J'ai entendu dire que Jésus
le Nazaréen était dans la région,
lui confia sa femme.
Or, il en a guéri plus d'un ! »

Il n'en fallait pas plus pour convaincre Jaïre.
Il se précipita hors de la maison et rencontra un homme qui lui dit :
« Jésus est de l'autre côté du lac… Nous l'attendons ! »

Jaïre scruta impatiemment la rive opposée du lac.

Dès que la barque de Jésus accosta,
Jaïre se fraya un passage
à travers la foule.
« Seigneur ! s'écria-t-il en tombant
à genoux. Ma fille se meurt.
Viens la sauver ! »
« Allons auprès d'elle », répondit Jésus.

La foule suivit Jésus jusqu'à la maison
de Jaïre.
Une femme dans la foule était malade
depuis douze ans.
Les médecins ne pouvaient rien pour elle,
mais elle croyait de tout son cœur
que Jésus pouvait la guérir.

Elle était si humble qu'elle n'osait pas
le lui demander.
Elle se contenta de s'approcher de lui
par derrière et de toucher son manteau.
Jésus s'arrêta.
« Qui m'a touché ? » demanda-t-il.

Tout le monde s'était arrêté.
Après un moment, la femme sortit de la foule et dit : « Je savais qu'en touchant seulement la frange de ton manteau, Seigneur, j'irais mieux. »
« Parce que tu m'as fait confiance, tu es guérie », dit Jésus.

À cet instant, un homme vint de la maison de Jaïre.
« Ce n'est plus la peine de déranger Jésus, dit-il en s'adressant à Jaïre. Ta fille est morte. »
Jésus, cependant, continuait de marcher.
« Contente-toi de croire en moi », dit-il à Jaïre.

Lorsqu'ils arrivèrent à la maison,
ils entendirent des lamentations.
« Ne pleurez pas, dit Jésus. L'enfant n'est
pas morte. Elle dort. »
Tous se moquèrent de lui.

Jésus entra dans la maison et se fit conduire à la petite fille.
Il lui prit doucement la main et dit :
« Lève-toi, petite ! »

L'enfant ouvrit les yeux, et ses parents furent remplis de joie.
« Donnez-lui à manger ! » dit Jésus.
Lorsqu'elle eut bu et mangé,
elle se sentit beaucoup mieux.
Jaïre ne savait pas comment remercier Jésus.

Jésus laissa l'enfant et ses parents dans la joie. Ils n'oublièrent jamais ce jour merveilleux.

Question

Qu'est-ce que Jésus a demandé aux parents de la petite fille de lui donner ?

Prière

Merci, Jésus, de prendre soin de moi !

L'étranger au grand cœur

Cette histoire a été racontée par Jésus. Un jour, il y a très longtemps, un homme descendait de Jérusalem à Jéricho.

La route était déserte.

Soudain, des voleurs se jetèrent sur lui. Ils le rouèrent de coups et lui volèrent tout son bien, même ses vêtements. Puis ils s'enfuirent.

L'homme resta étendu à terre.
Il gémissait tant il souffrait.
Enfin, il entendit un bruit de pas.
C'était un prêtre...

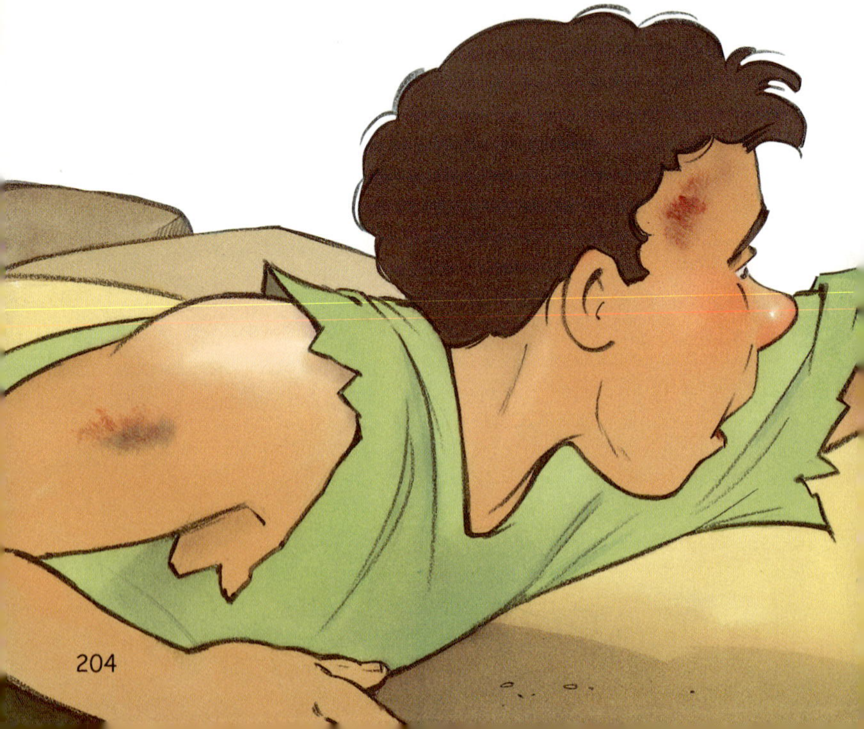

« A l'aide ! cria-t-il d'une voix faible.
Venez à mon secours, par pitié ! »
Mais le prêtre traversa la route
et poursuivit son chemin de l'autre côté.

Ensuite un autre homme passa.
C'était un lévite employé au service du temple de Jérusalem.

Il s'arrêta pour regarder l'homme couché
au bord de la route,
puis il reprit sa marche.

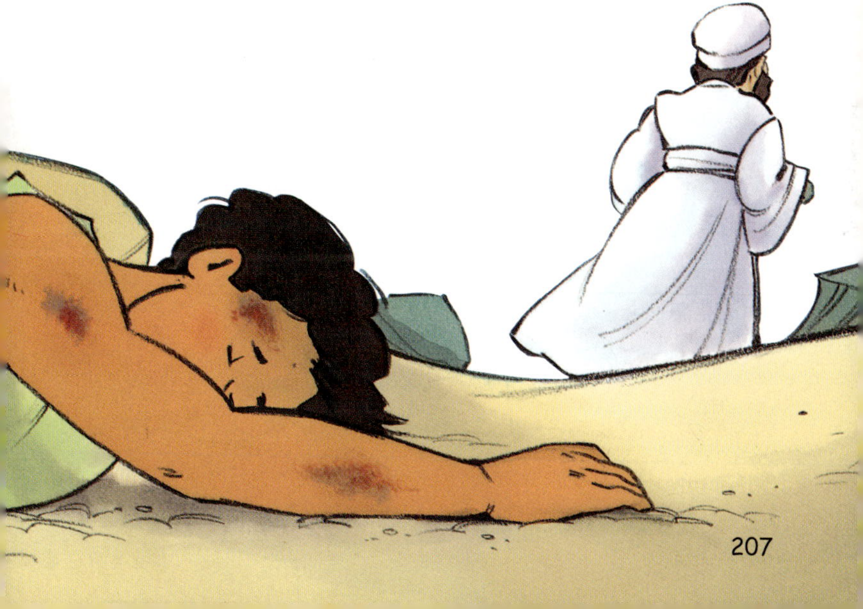

Le blessé entendit d'autres pas.
Cette fois, c'était un étranger !
L'homme se pencha sur lui.
« Laisse-moi t'aider, dit-il. J'ai de quoi laver et panser tes plaies ».

L'étranger le soigna de son mieux, puis il le chargea avec précaution sur son âne.

« Je vais te conduire dans un hôtel, dit-il, où tu pourras te reposer jusqu'à ce que tu ailles mieux. »

L'étranger s'assura qu'il serait bien traité à l'hôtel.
Puis il paya pour son séjour.

Après avoir conté cette histoire,
Jésus demanda à ses disciples :
« Lequel de ces trois hommes a fait
la volonté de mon Père :
le prêtre, le lévite ou l'étranger ? »

Question

Lequel des trois hommes a fait la volonté de Dieu ?

Prière

Seigneur, apprends-moi à aimer et servir mon prochain.

Le fils qui est revenu

Il y avait une fois un homme qui avait deux fils.

Un jour, le plus jeune d'entre eux dit à son père : « Donne-moi ma part d'héritage. »

L'ayant reçue, il quitta le domicile paternel et partit très loin.

Il dilapida son argent en faisant la fête.

En peu de temps, il ne lui resta plus un sou,
et alors tous ses nouveaux amis le quittèrent.
N'ayant plus rien pour s'acheter à manger,
il prit le premier travail qu'il trouva.

Il garda un troupeau de cochons
et il avait si faim qu'il mangeait
la nourriture de ses cochons !
Il était misérable.

Un jour, il retrouva le bon sens qui lui avait manqué si longtemps et il se dit :
« Les ouvriers de mon père sont mieux traités que je ne le suis ici ! Je vais rentrer à la maison et dire à papa que je veux travailler à son service. »
Il quitta le troupeau de cochons dont il avait la garde et entreprit le long voyage de retour.

Son père n'avait jamais cessé
de penser à lui.
Lorsqu'il l'aperçut au loin, il courut
au devant de lui et le serra dans ses bras.
« Mettez-lui mes plus beaux habits
et un anneau d'or au doigt !
dit-il à ses serviteurs. Mon fils qui était
perdu, voilà qu'il est revenu ! »

Le père donna un grand repas en l'honneur de son fils retrouvé, mais l'aîné de ses garçons était mécontent.
« Je ne t'ai jamais quitté, dit-il à son père. Voilà des années que je travaille pour toi et que je fais tout ce que tu me demandes, et tu n'as jamais organisé une fête pour moi ! »

« Tout ce qui est à moi est à toi,
mon fils, répondit le père. Mais ton frère,
qui était perdu, est de retour.
Nous devons manifester notre joie ! »

Question

Quel emploi le plus jeune fils avait-il trouvé quand il était au loin ?

Prière

Merci, Seigneur, pour les récits de la Bible qui me permettent de mieux te connaître.

Le petit garçon qui partage son repas

Un petit garçon vivait dans une modeste maison, toute blanche et au toit plat, sur le bord du lac de Galilée.
Il pêchait souvent du poisson dans le lac.

Un soir, il rapporta à la maison deux poissons.

« Est-ce qu'on peut les faire cuire, maman ? » demanda-t-il.

« Oui, mon chéri. Je te les préparerai pour le déjeuner, demain. »

Le lendemain matin, le petit garçon et sa jeune sœur se levèrent de bonne heure. Alors qu'ils jouaient à flanc de colline, ils virent approcher une foule de gens. « Où allez-vous ? » demanda le garçon.

« Ne sais-tu pas que Jésus traverse le lac ? » fit une femme.
« Qui est ce Jésus ? » demanda l'enfant.
« Oh !... Il est si bon ! Il raconte des histoires très belles et nous sommes tout émus en l'écoutant. Et puis il fait des choses merveilleuses ! »
« Pouvons-nous venir avec vous pour le voir ? »
« Bien sûr ! Demande seulement la permission à ta maman. »

Le petit garçon et sa sœur coururent à la maison.

« Est-ce que nous pouvons aller voir Jésus ? » demanda-t-il.

« Oui, mais ta sœur est un peu trop jeune. »

« Est-ce que je peux emporter mes poissons pour le déjeuner ? »

« Bien sûr ! Et j'y ajouterai cinq petits pains ! »

Le jeune garçon se joignit à la foule qui gravissait la colline pour aller à la rencontre de Jésus.

« Est-ce que Jésus est par là ? demanda-t-il à un homme. Je suis venu pour le voir ! »

« Tu ne peux pas le manquer ! répondit l'homme en pointant du doigt vers le sommet de la colline. Il est là-haut. »

Le petit garçon aperçut enfin Jésus
qui parlait avec un groupe d'hommes.
Un homme qui boitait cherchait
à s'approcher de lui.
Jésus se tourna vers l'estropié, et alors
l'enfant vit son visage. Il resplendissait
de bonté !

Beaucoup d'estropiés et de malades se pressaient autour de Jésus, et tous, il les guérissait.
Quand il eut terminé, la foule s'assit dans l'herbe et Jésus commença de raconter des histoires très belles et émouvantes.
L'enfant écoutait attentivement.

Tous étaient si émus de l'entendre qu'ils ne virent pas le jour décliner. Le soleil se couchait.

Ils se rendirent compte soudain
qu'ils avaient faim.
« Comment nourrir tous ces gens ?
s'interrogea l'un des compagnons de Jésus.
Nous sommes loin de tout
et n'avons rien
à leur donner ! »

« Quelqu'un a-t-il apporté de quoi manger ? » demanda l'un des amis de Jésus.

Tous firent non de la tête.

Alors le jeune garçon se leva d'un bond et il apporta son panier à l'ami de Jésus.

Le disciple le conduisit à Jésus.
« Voici un jeune garçon qui a cinq pains et deux poissons ! » dit-il en s'adressant à Jésus.
Jésus rendit grâce, puis il fit distribuer les pains et les poissons à la foule.

Or, chacun mangea à sa faim !
Avec le simple repas d'un petit garçon,
Jésus avait nourri toute une foule !
L'enfant était très heureux d'avoir donné
ses pains et ses poissons à Jésus.

Tout le monde étant rassasié,
chacun commença de se retirer chez soi,
fatigué mais heureux.
Les amis de Jésus rassemblèrent
ce qui restait de pains et de poissons,
et ils en remplirent douze paniers !

Il faisait nuit lorsque le petit garçon revint à la maison. Sa maman était inquiète. « Jamais je n'oublierai ce que j'ai vu aujourd'hui, dit-il à sa maman. C'était le plus beau jour de ma vie ! »

Question

Qu'est-ce que le jeune garçon a donné à Jésus ?

Prière

Merci, Jésus, de te servir de moi pour te faire connaître.

Il faisait nuit lorsque le petit garçon revint à la maison. Sa maman était inquiète. « Jamais je n'oublierai ce que j'ai vu aujourd'hui, dit-il à sa maman. C'était le plus beau jour de ma vie ! »

Question

Qu'est-ce que le jeune garçon a donné à Jésus ?

Prière

Merci, Jésus, de te servir de moi pour te faire connaître.

Toutes ces histoires sont tirées de la Bible.

Voici les références qui te permettront de les retrouver :

Noé et son arche pleine d'animaux : Genèse 6 5 - 8 17

Joseph et le Pharaon d'Égypte : Genèse 37 ; 39-50

Le bébé dans la corbeille : Exode 2 1-10

Le petit garçon qui écoutait Dieu : 1 Samuel 1-12

Le jeune berger et sa fronde : 1 Samuel 16-18

Perdu et retrouvé : Matthieu 2 13-23 ; Luc 2 41-52

Jésus vient au secours d'un père malheureux : Luc 8 40-56

L'étranger au grand cœur : Luc 10 25-37

Le fils qui est revenu : Luc 15 11-32

Le petit garçon qui partage son repas : Jean 6 1-13

L'original de cet ouvrage a été publié par Candle Books
sous le titre : *Bedtime Book of Bible Stories*

Traduction de Philippe Barbier

Nihil obstat
Paris, le 2 mai 2008
M. DUPUY

Imprimatur
Paris, le 2 mai 2008
M. VIDAL

37, rue de l'Abbé-Grégoire - 75006 Paris

ISBN 978-2-35389-054-5

Imprimé à Singapour